ENSEIGNEMENTS

DE LA

GUERRE RUSSO-JAPONAISE

Note nº 7. — Habillement.

Janvier 1906

État-Major de l'Armée
2ᵉ Bureau

Confidentiel

Janvier 1906.

Enseignements de la guerre russo-japonaise.

Note Nᵒ 7

Habillement

Habillement

Habillement du soldat russe. –

L'habillement du soldat russe en campagne comprenait, au début de la guerre, les effets suivants:

Pantalon vert foncé,
Tunique vert foncé,
Casquette vert foncé,
Bottes (2 paires dont une dans le paquetage)
Bandelettes de toile servant de chaussettes (portianki),
2 caleçons, 2 chemises, une cravate,
Manteau beige clair.
Bachlyk (capuchon avec brides croisées sur la poitrine).

Pendant l'hiver, les hommes ont reçu des effets appropriés au dur climat de la Mandchourie, savoir:

Grand bonnet de fourrure à poils extérieurs, de couleur noire (papakha),
Demi pelisse en peau de mouton à fourrure intérieure et quelquefois, à titre provisoire, robe de chambre fourrée du modèle en usage en Mandchourie,
Bottes en feutre très épais. Ces bottes étaient en général assez larges pour être portées sur les bottes ordinaires.
Gants fourrés.

En été, les hommes conservèrent le pantalon ———————

pantalon de drap, mais ils portèrent une blouse de toile grise et une casquette de même couleur.

Au bout de quelques mois de campagne, la tunique de drap fut généralement remplacée par une blouse qui fut portée non seulement par les hommes de troupe, mais aussi par les officiers qui renoncèrent bientôt aux tuniques blanches qui les rendaient si visibles à des distances considérables.

Un prikaze du commandant de l'armée prescrivit, au mois d'août 1904, d'adopter la couleur grise pour les blouses des hommes de troupe et des officiers et pour les coiffes des coiffures, en particulier des papakhas noires qui étaient beaucoup trop visibles.

On paraît avoir aussi mis en usage des blouses des couleurs suivantes: jaune foncé, brun ou vert brun.

La paire de bottes de rechange faisant partie du paquetage ne tarda pas à être remplacée par une chaussure de repos en cuir très souple maintenue par des bandelettes surmontées quelquefois par de petites guêtres.

———————

Habillement du soldat japonais.-

La tenue a beaucoup varié pendant les diverses périodes de la guerre.

1° Printemps 1904. - Au début de la guerre, de février à mai 1904, l'infanterie a porté ses vêtements réglementaires du temps de paix, savoir : casquette bleu foncé à turban jaune (sauf pour la garde qui avait le turban rouge), veste bleu foncé à un rang de boutons de cuivre, collet rouge, pattes d'épaule avec chiffres blancs.

Peu de temps après l'ouverture des hostilités, les nouvelles vestes distribuées, portaient des pattes sans numéro en vue d'empêcher les étrangers de déterminer exactement l'ordre de bataille; enfin, les pattes ont complètement disparu.

Pantalon bleu foncé à large liseré rouge.

Soulier genre godillot mais cependant légèrement fendu sur le cou de pied, avec deux rangs d'œillets permettant un semblant de laçage. Ce soulier se porte avec une guêtre en grosse toile blanche munie de 7 boutons en bois sur le côté avec, à la partie supérieure, une courroie à boucle qui la serre au-dessus du genou. A la partie inférieure, un sous pied de cuir se fixe sur le côté au moyen d'une courroie à boucle.

Capote à capuchon en drap noir à 2 rangs de boutons de corne noire avec 2 poches sur le devant au-dessous de la ceinture.

2° ....

2º.- **Été 1904** - Veste en toile khaki à petit col droit sans boutons, se fermant au moyen d'agrafes.

Les premiers modèles distribués ne comportaient pas de poches; les hommes durent s'en confectionner avec des pièces d'étoffe plus ou moins bien cousues sur la poitrine.

Pas d'indication de numéro de régiment, sauf pour les régiments Kobi (réserve) qui, au début, portaient, sur un des écussons du collet, un numéro métallique. Ce numéro a disparu presque complètement au cours de la campagne.

Les sous-officiers portent un liseré circulaire d'étoffe khaki sur la manche de la veste.

Pantalon en toile khaki s'engageant sans la guêtre.

Sur la casquette, une **coiffe en toile khaki** avec couvre-nuque de même étoffe portant derrière deux fentes verticales qui la divisent en 3 pans égaux.

La capote de drap noir est conservée, mais est mise seulement la nuit ou en cas de pluie au cantonnement; jamais au combat.

Les effets de toile khaki étaient d'assez mauvaise qualité et mal teints; ils devinrent rapidement d'un blanc sale et s'usèrent vite.

Automne ....

3º Automne 1904 - La troupe reprend ses vêtements de drap bleu foncé, mais en endossant, par dessus, les vêtements de toile khaki de l'été. Ces vêtements étaient en fort mauvais état; en outre, pour les mettre par dessus les effets de drap, il eut fallu les élargir; faute d'avoir le temps et l'étoffe nécessaires on se contenta en général de donner du jeu aux coutures au moyen d'un lacé de gros fil. La tenue était ainsi assez sale et négligée, mais on voulait avant tout éviter la visibilité trop grande des vêtements de drap bleu foncé.

Il y a lieu de signaler à ce propos l'ingéniosité et l'esprit d'initiative des Japonais. Certaines troupes de la 4º armée ayant à attaquer de nuit, le 11 octobre 1904, la position de San-kuai-si-shan, endossèrent la capote noire, moins visible la nuit que leurs vêtements khaki.

4º Hiver 1904-1905. On distribue les effets suivants :

1º Capote d'hiver en laine khaki à capuchon mobile et à collet doublé intérieurement de poil de chèvre.

La capote se ferme au moyen d'agrafes et porte 2 poches par devant. Elle est serrée à la taille au moyen d'une sangle khaki avec boucle de cuivre à ardillon.

Les sous-officiers portent sur les manches un galon circulaire de laine khaki.

2º.........

2° Gilet assez long sans manches en étoffe khaki, s'agrafant devant et doublé en poil de chèvre ou en peau de mouton.

Il était porté sous la capote ou sans la capote.

3° Gants de laine par dessus lesquels on peut mettre de larges moufles en laine khaki, fermés au cou par un cordon.

On substitue peu à peu au soulier genre godillot, un brodequin analogue au nôtre mais de moins bonne qualité, avec clous et, dans certains modèles, talon ferré au moyen d'une pièce de fer en forme de fer à cheval.

On remplace progressivement la guêtre en toile par des bandes molletières en laine khaki.

On distribue des passe-montagne en laine, tricots de corps et caleçons de tricot en laine, chaussettes de laine, bouts de chaussettes en laine; des oreillettes en étoffe khaki doublées de peau de rat ou de mouton soutcousues de chaque côté de la casquette; elles peuvent se relever et s'attacher au-dessous de la casquette avec des cordons.

Pour le service de garde et pour la nuit, les hommes reçoivent des bottes en paille tressée avec semelles de corde bordées d'une lisière de laine; à défaut, des souliers chinois du modèle porté par les indigènes (larges

pantoufles......

pantoufles en cuir grossier, fourrées intérieurement au moyen d'une herbe fine
séchée et assouplie à coup de maillet.)

Les hommes en station utilisent
également le haut chausson de feutre
indigène.

5° _Printemps 1905_ - En avril 1905 la capote
khaki est retirée, la capote noire continue d'
être mise seulement pour la nuit ou en cas de pluie.

Les vêtements de khaki de l'été précédent
étant presque tous en loques, on distribue
aux hommes une sorte de cache-poussière
en étoffe de coton khaki à boutons de corne
marron, tombant jusqu'aux genoux et qu'ils
mettent par dessus leurs effets de drap bleu foncé.

6° _Été 1905_ - Distribution de vêtements
de toile khaki d'un nouveau modèle, mieux
coupés, de forme plus élégante. Le col droit
est plus haut; la veste est un peu plus
longue et porte derrière, à la jupe, deux fentes
latérales. Elle se boutonne au moyen de 5
boutons de cuivre plats et unis et est pour-
vue de 2 poches de poitrine.
Le pantalon est aussi mieux coupé.
L'étoffe est bonne et bien teinte.

La guêtre en toile reparait; toutefois de
nombreux corps conservent le brodequin et les
bandes molletières.

La casquette bleu foncé, n'a pas cessé

d'être........

d'être couverte d'une toile khaki. On distribue des couvre-nuques neufs.

7° Automne 1905. — Distribution de vêtements bleu foncé neufs, évidemment pour vider les magasins, l'adoption d'une couleur moins voyante étant décidée pour la nouvelle tenue de drap. Ces vêtements sont pourvus de numéros au collet.

En même temps, on donne aux hommes un cache poussière en coton cachou, de nouveau modèle, tombant plus bas que le genou, de manière à recouvrir complètement la capote noire quand on l'endosse par dessus.

Par suite de l'expérience acquise au cours de la dernière guerre l'uniforme de campagne de l'armée japonaise a été récemment radicalement changé.

Désormais, tous les effets d'habillement pour la troupe, dans toutes les circonstances, et pour les officiers en tenue de campagne seront de couleur khaki. La tenue d'hiver sera en drap, celle d'été en toile.

La casquette adoptée se rapproche de la forme de la casquette russe.
Celle des officiers est la même que celle de la troupe sans distinction de grade.

Pour toute l'armée, le turban est rouge,

couleur......

couleur réservée précédemment à la garde
impériale qui se distinguera à l'avenir par
un ornement représentant des feuilles et des
fleurs de cerisier placé au-dessous de l'étoile qui
orne le turban.
Les bandes de pantalon sont supprimées et remplacées
par des passe-poils de couleur rouge pour toutes les armes
Les boutons sont en métal jaune uni
et mats pour les combattants, en métal blanc
pour les non-combattants.

Les armes ou services se distinguent entre
eux par la couleur de l'écusson du col
qui est en drap : noir pour la gendarmerie,
rouge pour l'infanterie, vert clair pour la
cavalerie, jaune pour l'artillerie, lie de vin
pour le génie, bleu pour le train, gris brun
pour l'intendance, vert foncé pour les services
de santé et vétérinaire.

Dans les corps de troupe, l'écusson
reçoit un numéro en chiffres arabes pour
l'armée active, en chiffres romains pour le
kobi (armée de réserve). Pour le kokumin (armée
territoriale) l'écusson de droite porte un chiffre
romain, celui de gauche un chiffre arabe.
Les numéros sont en métal jaune pour
les combattants, en métal blanc pour les non-
combattants.

La tenue de campagne des officiers
devient ainsi absolument pareille à celle
de la troupe et les grades ne se distinguent
plus qu'au moyen des pattes d'épaule.

Ces pattes......

Ces pattes d'épaule sont en drap rouge avec une raie d'or pour les caporaux et sergents, 3 raies d'or pour les officiers subalternes, quatre raies d'or pour les officiers supérieurs. Pour les généraux, elles sont en galon d'or avec 2 petites raies rouges.

Les caporaux, sous-lieutenants, commandants et généraux de brigade ont en outre une étoile sur leurs pattes d'épaule; les sergents, lieutenants, Lts-Colonels, Lts-Généraux deux étoiles; les sergents-majors, capitaines, colonels et Généraux, trois étoiles.

Appréciations sur l'habillement

Appréciations du Général Silvestre –

"Toutes les observations faites sur le terrain au cours des combats prolongés montrent qu'il est nécessaire de faire disparaître de l'uniforme et de l'équipement tout objet brillant sur lequel le soleil peut se refléter.

"La visibilité des vêtements est relative et dépend du fond sur lequel ils se projettent. J'ai observé même, que dans certaines circonstances de terrain qui, d'ailleurs, ne se reproduiraient pas en Europe, les chevaux blancs étaient moins visibles que ceux de robe sombre. Mais un fourreau de sabre métallique suffit par son éclat à dévoiler la présence d'une troupe. Si le soleil est réfléchi sur lui, le rayon lumineux qui vient frapper les yeux, attire invariablement sur lui le regard dirigé dans une autre direction.

"Rien n'est plus dangereux que les fourreaux de sabre brillants de nos officiers, les fourreaux de nos cavaliers, la poignée brillante des baïonnettes, les ustensiles en fer de nos hommes.

"On sait que les fourreaux de sabre de l'armée russe sont en bois de couleur mate et sombre; les baïonnettes sont bronzées.

"Tous les officiers étrangers ont été frappés des avantages de l'absence de parties brillantes dans l'uniforme, tandis que tout officier

étranger ......

étranger pourvu d'un sabre à fourreau métallique était vu et signalé de très loin grâce
à l'éclat de ce fourreau.

"Toutes les pièces métalliques, y compris
les boutons, doivent être mates et hors d'état
de réfléter le soleil.

"Il est urgent de faire disparaître de
l'uniforme et de l'équipement tout objet brillant. Les fourreaux de sabre et les poignées
de baïonnettes devraient être bronzés, ainsi que
les étriers et toutes les parties métalliques de
la bride.

"A cette condition seule les troupes
pourront passer inaperçues et les patrouilles
ainsi que les reconnaissances elles-mêmes,
pourront échapper aux vues de l'ennemi.

Appréciations du Général Lombard.–
"L'habillement des troupes japonaises
en campagne ne présente aucun détail original
qu'il y ait lieu de retenir particulièrement;
il était de forme commode, frais en été, chaud
en hiver et a bien répondu à son objet. Mais
il y a lieu de noter les précautions minutieu-
ses qui ont été prises en vue de diminuer la
visibilité des troupes.
"Les hommes en temps de paix étaient
habillés en bleu foncé; ils n'ont jamais fait
campagne avec ces seuls vêtements. Ou bien
on a recouvert ces derniers avec des sortes de
cache poussière en coton kaki, ou bien selon
les saisons, on les a remplacés par des

vêtements....

vêtements en toile ou en drap khaki.

"Dans le même but les fourreaux de sabre étaient revêtus d'un étui de cuir khaki ou de ficelle tressée et les insignes de grade en campagne consistaient en galons de laine khaki pour les sous-officiers, en étoiles métalliques sur les manches pour les officiers.

"Il est indispensable de doter notre armée d'un habillement de forme commode (genre vareuse), et de couleur peu visible, cette couleur étant déterminée expérimentalement en tenant compte de l'ambiance de nos climats.

"On devra en outre supprimer en campagne tout attribut trop voyant (galons, aiguillettes, etc), et bronzer les objets brillants (casques, cuirasses, fourreaux de sabre, ustensiles de cuisine, etc).

"Cette question est d'une grande importance; les troupes japonaises se confondaient littéralement avec le sol, ce qui leur donnait de très grandes facilités pour progresser.

Appréciations des officiers de la 35ᵉ Division. –

La commission composée des chefs de corps de la 35ᵉ division et présidée par le Général Commandant cette division a émis les appréciations suivantes:

"L'opinion générale est qu'il conviendrait

d'avoir ......

d'avoir deux tenues : une du temps de paix, suffisamment élégante, et une de campagne qui serait commode à porter et assurerait l'aisance dans tous les actes du combat.

"Les parties principales de la tenue de campagne comprendraient :

1° Une blouse avec un petit col droit (à 2 boutons) ouvrant de côté et 4 poches : 2 de côté et 2 sur la poitrine.
Couleur gris jaunâtre, pas clair.
Étoffe : drap l'hiver, cotonnade solide l'été.

2° Un pantalon de même couleur et même étoffe, avec une ceinture large en drap remplaçant la ceinture de flanelle que les hommes n'aiment pas et perdent souvent.

3° Une casquette d'été légère et de la couleur de la blouse avec visière molle et jugulaire. Une coiffure de drap ou de feutre pour l'hiver de la couleur de la blouse, avec parties se rabattant au besoin derrière et sur les oreilles.

4° Manteau. Très ample, sans taille, pareil à une longue pèlerine à manches avec capuchon d'un drap plus léger qu'actuellement, mais d'un tissu serré et chaud. Avant tout, la coupe doit être commode sans aucune considération d'élégance pour une revue d'hiver. C'est un vêtement de guerre.
Couleur : café au lait.

Le bachlyk et la cravate seraient supprimés

"Les numéros de régiments seraient

métalliques...

métalliques de façon à éviter d'emporter des pattes, des draps de couleur.

"La botte est définitivement condamnée; il faut la remplacer par un soulier lacé à forte semelle réuni au pantalon par des bandes molletières ou des houseaux en toile imperméable. Avec des souliers en bon cuir, on peut supprimer la seconde paire à porter, mais il faut avoir une réserve de chaussures au train régimentaire.

Appréciation du Lt Colonel Corvisart —

"Au point de vue de la visibilité de l'uniforme, mes observations au cours de la dernière guerre m'ont démontré une fois de plus combien les couleurs foncées faisant taches se distinguent de loin, tandis que dans presque toutes les conditions d'éclairage, les couleurs grise khaki ou même rouge (surtout quand il ne s'agit pas de la coiffure ou de la partie supérieure du corps), se fondent avec les objets environnants. Le cavalier et le gendarme nippons portent le même pantalon garance que le troupier français. A pied, revêtus de leur veste khaki, mais gardant le pantalon rouge, ils n'étaient pas plus visibles de loin que leurs camarades tout habillés de khaki.

"Il est à noter qu'en Mandchourie, par suite de la nature du sol et des cultures, la campagne revêt, pendant la plus grande partie de l'année, une teinte plus terne, plus

jaunâtre.....

jaunâtre, plus analogue à la couleur khaki qu'il n'en serait dans les régions tempérées européennes.

"Si j'avais un avis à émettre, je préférerais, pour la couleur de l'habillement de campagne des troupes métropolitaines, une teinte plus verdâtre que celle que viennent d'adopter les Japonais.

"L'attaché militaire suédois qui se trouvait à l'armée du Général Kuroki, portait un vêtement de couleur beige verdâtre, récemment mis en essai dans son pays, qui paraissait devoir être prochainement adopté définitivement.

"De tous les attachés militaires, à une certaine distance, il était incontestablement le moins visible, y compris les officiers anglais qui portaient leur uniforme khaki et les allemands leur nouvelle tenue de campagne gris bleuté.

"La coiffure de l'officier suédois (l'ancien tricorne à la française) m'a paru aussi des plus pratiques. Confectionné en feutre assez dur, de la même teinte que le reste du vêtement, ce chapeau peut se porter avec les bords rabattus si l'on a à se garantir du soleil ou de la pluie (si l'on n'a à se protéger que d'un côté, on ne rabat qu'un bord.)

"Intérieurement, il est muni d'une coiffe en cuir doublée d'un feutrage léger qui par une disposition ingénieuse peut se rabattre de façon à former pour l'hiver une

sorte.....

sorte de passe-montagne faisant corps avec la coiffure et qui couvre le derrière de la tête, les oreilles et se noue sous le menton.

"Notre camarade a porté en Mandchourie, par tous les temps, ce chapeau qui, à la fin de la campagne, n'avait subi aucune détérioration. Il a été, dans toutes les circonstances, très satisfait de sa coiffure.

"Du côté russe, au début, presque tous les officiers que nous avions devant nous, étaient vêtus d'une veste blanche qui se distinguait de très loin, mais l'uniforme gris terne de leurs hommes était peu visible, pas plus tout au moins que le khaki nippon. Malheureusement, la grande taille des soldats et leur moindre agilité, diminuée encore par la lourdeur de leur équipement ne leur permettait pas de profiter des abris du terrain aussi bien que les japonais.

Résumé - Conclusion

En résumé, les Russes et surtout les Japonais ont pris les plus grandes précautions pour rendre leurs troupes et en particulier leur infanterie aussi peu visibles que possible. Ils ont rapidement abandonné les effets trop foncés ou trop clairs de leur habillement pour adopter des teintes neutres.

Les teintes employées ont été variables: khaki du côté japonais, vert brun, brun jaune gris foncé du côté russe; mais des deux côtés, on a eu grand soin d'éviter les oppositions de lumière résultant de l'emploi de plusieurs couleurs dans l'uniforme. En particulier la coiffure et la vareuse. ou la blouse ont toujours de la même couleur dans les uniformes adoptés en cours de campagne.

Cette règle était déjà suivie en Angleterre, aux Etats-Unis et en Suède pour les nouveaux uniformes de campagne.

En outre, les officiers se différencient aussi peu que possible des hommes, et la coiffure est la même pour tous les grades.

Enfin, des deux côtés, on évite avec grand soin le danger résultant de l'emploi de fourreaux de sabre brillants. Au côté russe, on emploie des fourreaux de bois; du côté japonais, on enveloppe les fourreaux métalliques dans des gaines de cuir ou on les recouvre de ficelle.
Les boutons de vareuse ou de blouse sont mats.

D'après.....

D'après l'expérience de la guerre russo-japonaise, il semble qu'il y aurait urgence à proscrire de notre tenue tous les objets brillants (fourreaux, casques, cuirasses, aiguillettes, etc.) comme le réclament instamment les Généraux Silvestre et Lombard; à donner aux officiers la même tenue qu'à la troupe et à adopter une teinte neutre unique, au moins pour la coiffure et le vêtement, sinon aussi pour le pantalon. La teinte neutre à adopter serait à déterminer expérimentalement.

R.F.

www.ingramcontent.com/pod-product-compliance
Ingram Content Group UK Ltd.
Pitfield, Milton Keynes, MK11 3LW, UK
UKHW021640130726
13696UKWH00005B/2311

9 782019 225025